Jutta Kühnle

Ländlich genäht

Kreative Nähideen im Cottage-Look

Inhalt

Vorwort   5

Leben im Garten   6

Stilvolle Husse   8
Edle Tischdecke   10
Perlenquasten   11
Bistrobesteck   12
Servietten   14
Rundes Kissen   16
Gemütliches Kuschelkissen   18
Klassisches Matratzenkissen   20
Picknickdecke   22
Geräumiger Shopper   24

Arbeiten im Garten   26

Runde Gerätetasche   28
Gürteltasche   30
Peppiger Hut   32
Gartenhandschuhe   34
Gummistiefel-Manschetten   36
Praktisches Kniekissen   38

Im gemütlichen Wohnzimmer   40

Hocker mit Deckel   42
Puschen für Damen   44
Kieselkissen mit Blüte   47
Großes Kieselkissen   48
Holzlege   50
Kuscheliges Plaid   52

Wohlfühl-Atmosphäre im Country-Style   54

Edle Gardine   56
Üppige Quasten   58
Tischhusse   60
Raffiniertes Sitzkissen   62
Lehnenhusse   64
Deckenhalter   66
Gemütlicher Becherwärmer   68

Ländliche Küchenstimmung   70

Tablett   72
Praktische Körbe   74
Universelle Schürze   78
Sitzauflage   80
Eleganter Lehnenschal   82
Garderobe   84
Große Henkeltasche   86
Türstopper   88
Lampe   90

Allgemeine Anleitung   92
Impressum   96

Vorwort

Das eigene Zuhause mit einfachen Mitteln zu verschönern macht
Spaß und ist gleichzeitig entspannend und befriedigend. Mit wenigen ausgewählten Mitteln entsteht so aus einem gewöhnlichen
Zimmer eine Wohlfühloase, in der sich alle Bewohner gerne
aufhalten.

Schon neue Kissenbezüge oder ein Vorhang in aufeinander abge-
stimmten Farben sorgen dafür, dass ein Zimmer ganz anders aussse-
hen kann. Werden die Stoffe dann noch geschickt aufeinander
abgestimmt, passen Tischdecken, Hussen und Servietten farblich
zueinander, ist die neue Inneneinrichtung perfekt.

Holen Sie sich beim Durchblättern dieses Buches Ideen, um sich Ihr
eigenes Wohlfühlambiente für Ihr Heim zu schaffen. Mit einigen
wenigen Accessoires setzen Sie geschickt Akzente und erleben Ihr
Zuhause von einer ganz neuen, bisher unentdeckten Seite.

Viel Spaß und viel Erfolg bei der Umsetzung der vorliegenden
Modelle wünscht Ihnen

Leben im Garten

Geschmackvolle Accessoires machen die grüne Oase zu einem zusätzlichen Zimmer, in dem man sich in den warmen Monaten gerne aufhält. Ein Frühstück an der frischen Luft, ein Snack auf der Picknickdecke, bequem gepolstert mit Kissen und kuscheligen Decken – so lässt sich das Leben im Freien angemessen genießen.

Stilvolle Husse

Damit wird eine unansehnliche Bierbank im Nu zur aparten Sitzgelegenheit für rauschende Feste an lauen Sommernächten.

Hinweis: Der Schnitt ist für eine halbe Bierbank. Für eine große Bierbankgarnitur müssen Sie Sitzfläche und Vorder- und Rückenteil doppelt nehmen.

UND SO GEHT'S

1 Jeweils das Vorder- und Rückenteil rechts auf rechts mit der langen geraden Kante an die lange gerade Kante der Sitzfläche steppen. Dabei die Naht bis 1 cm vor dem Ende nähen. Die Nahtzugaben vorsichtig auseinanderbügeln (siehe „Beschichtete Stoffe und Skai-Leder verarbeiten" Seite 93).

2 Jeweils die oberen Kanten der Seitenteile rechts auf rechts an die kurze Seite der Sitzfläche annähen. Die Nahtzugaben vorsichtig auseinanderbügeln.

3 Alle Seitennähte schließen, dazu die Seitenteile rechts auf rechts mit dem Vorder- und Rückenteil bis zum Bogensaum schließen. Alle Nahtzugaben vorsichtig ausbügeln. An den Ecken der Sitzfläche überflüssiges Leder abschneiden.

Größe: ca. 110 cm x 25 cm x 50 cm

SIE BRAUCHEN:
Skai-Leder in Ecru, ca. 140 cm x 170 cm

ZUSCHNITT:
1x Sitzfläche im Bruch
2x Vorder- und Rückenteil im Bruch
2x Seitenteil

Schnittmusterbogen A (schwarz)

TIPPS: Wenn Sie genügend Stoff zur Verfügung haben, können Sie die Husse auch an einem Stück zuschneiden. Die Teilungsnähte an der Sitzfläche entfallen dann natürlich.
Der Bogensaum hält besser, wenn der Saumbereich mit Deko-Einlage verstärkt wird.

Edle Tischdecke

Das ist Tischkultur: Exquisite Tischwäsche mit breitem Saum und üppigen Quasten. Damit tafelt man nicht nur draußen mit Stil!

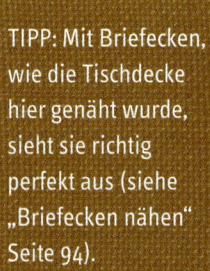

Größe: 100 cm x 160 cm

SIE BRAUCHEN:

Baumwollstoff in Ecru, ca. 140 cm x ca. 180 cm
4 Quasten in Grün
4 Knöpfe in Ecru

ZUSCHNITT:

1x Tischdecke 120 cm Breite x 180 cm Länge

UND SO GEHT'S

1 Zuerst die Länge und Breite des Tisches ausmessen. Im Beispiel ist der Tisch 110 cm lang und 50 cm breit.

2 An allen Seiten eine Zugabe von je 25 cm dazurechnen. An den Säumen eine Nahtzugabe von 10 cm zugeben. Im Beispiel ergibt sich ein Maß von 180 cm Länge und 120 cm Breite.

3 Die Säume nach innen erst 1 cm, dann 9 cm an allen 4 Kanten umbügeln und feststecken.

4 Die umgebügelten Säume schmalkantig feststeppen.

5 Die Knöpfe in die Ecken 1 cm vom Rand entfernt annähen. Anschließend die Quasten an Ösen in Knopfgröße anknöpfen.

TIPP: Mit Briefecken, wie die Tischdecke hier genäht wurde, sieht sie richtig perfekt aus (siehe „Briefecken nähen" Seite 94).

Perlenquasten

Die schicken Quasten mit effektvollen Perlen eignen sich nicht nur für die Ecken der Tischdecke, sondern auch als Schmuck von Kissen, zur Tischdekoration und als Geschenkanhänger.

UND SO GEHT'S

1 Ca. 5 cm lang unterschiedliche Perlen in Lindgrün auf Perlenaufreihgarn fädeln. Mit einer Glasschliffperle enden und wieder zurück durch alle lindgrünen Perlen fädeln.

2 8 dieser Perlenstränge mit einigen Wachsperlen in unterschiedlicher Größe zu einem ca. 5 cm langen Strang zusammenbinden.

3 Mehrere dieser Stränge ergeben eine Quaste, die wieder mit einer größeren Wachsperle zusammengehalten wird.

Größe: ca. 12 cm lang

SIE BRAUCHEN:

Rocailles, ø 4 mm, Würfel, Rechtecke und Triangel in Lindgrün matt metallic
Glasschliffperlen irisierend, ø 6 mm
unterschiedliche Wachsperlen
Perlenaufreihgarn

TIPP: Die Größe der Quasten können Sie selbst bestimmen. Für den Garten dürfen sie gerne etwas umfangreicher und dadurch schwerer sein, damit die Tischdecke nicht vom Tisch geweht wird. Am Ende der Quasten ein Öhr knöpfen, durch das der Knopf an der Tischdecke passt. So können die Quasten vor dem Waschen abgeknöpft werden.

Bistrobesteck

Alles passt zusammen: Einfaches Besteck erhält hier ländlichen Charme und wird so zum Tüpfelchen auf dem „i"!

Größe: Grifflänge ca. 9 cm

SIE BRAUCHEN:
Baumwollstoffrest beschichtet
Bistrobesteck

ZUSCHNITT:
1x Griffteil

Schnittmusterbogen A (Lila)

TIPP: Das Wenden des Griffes funktioniert mit Hilfe eines dünnen Stiftes am besten.

UND SO GEHT'S

1 Das Besteck ausmessen, dazu für die Breite des Schnittteils um die stärkste Stelle des Griffes den Griffumfang messen und 1 cm Nahtzugabe zugeben. Für die Länge des Schnittteils die Länge des Griffes messen und 2 cm (1 cm oben, 1 cm unten) Nahtzugabe dazugeben.

2 Für Messer, Gabel und Löffel je ein Rechteck von 12 cm x 6,5 cm und für die Kaffeelöffel je ein Rechteck von 9 cm x 6 cm zuschneiden. An einer schmalen Seite 1 cm Nahtzugabe nach innen klappen und mit Klebefilm fixieren.

3 Die Griffhülle längs rechts auf rechts zusammenklappen. Die Nahtzugabe umgeklappt lassen. In 0,5 cm Abstand zum Rand die Längsseite schließen. Die Nahtzugaben vorsichtig auseinanderbügeln. Dabei die Verarbeitungshinweise für beschichtete Stoffe (siehe „Beschichtete Stoffe und Skai-Leder verarbeiten" Seite 93) berücksichtigen.

4 Die eben geschlossene Naht auf die Mitte legen und die kurze Naht in 1 cm quer absteppen.

5 Zuletzt die Hülle wenden und den Griff des Bestecks einschieben.

Servietten

Nicht nur für liebe Gäste: Die Servietten mit dem breiten Besatz und Couvertecke sind schnell genäht und runden die Dekoration perfekt ab.

Größe: 45 cm x 45 cm

SIE BRAUCHEN FÜR 4 SERVIETTEN:

Baumwollstoff in Weiß, 140 cm x 45 cm
Baumwollstoff in Grün, 110 cm x 45 cm
Baumwollstoff geblümt, 110 cm x 50 cm

ZUSCHNITT:

2x Serviettenteil in Weiß
2x Serviettenteil in Grün
16x Randbelege in Geblümt

Schnittmusterbogen A (Magenta)

TIPP: Die Nähte auf der Rückseite der Serviette erscheinen nahezu unsichtbar, wenn Sie den Unterfaden beim Absteppen auf die Serviettenfarbe anpassen.

UND SO GEHT'S

1 Die kurzen inneren Seiten an den Randbelegen 1 cm nach hinten bügeln. Jeweils 4 Saumbelege rechts auf rechts in 1 cm Breite an den schrägen Kanten zum Rahmen schließen. Dabei die umgebügelte Nahtzugabe hochgeklappt lassen, und darüber steppen. Die Nahtzugaben der schrägen Naht auseinanderbügeln.

2 Den Rahmen rechts auf rechts auf ein Serviettenteil stecken und in 1 cm Breite ringsum feststeppen. Überschüssige Nahtzugaben an den Ecken beschneiden, die Nahtzugabe an den Rändern auseinanderbügeln.

3 Den Rahmen auf die Vorderseite klappen, nochmals bügeln und die kurzen, umgebügelten Kanten schmalkantig feststeppen. Die anderen Servietten ebenso fertigen.

Rundes Kissen

Damit wird's gemütlich im Garten: Der bunte Stoff des runden Kissens setzt Akzente, der große Knopf wird einfach selbst bezogen.

Größe: ø 35 cm, 7 cm hoch

SIE BRAUCHEN:

Baumwollstoff in Bunt,
ca. 110 cm x ca. 70 cm
Baumwollstoff in Pink,
ca. 50 cm x 50 cm
2 überziehbare Knöpfe, ø 3,8 cm
Reißverschluss in Rot, ca. 65 cm lang
Perlenaufreihgarn
Kisseninlet, ø 35 cm, 7 cm hoch

ZUSCHNITT:

1x Oberteil in Bunt
2x Reißverschlussteil in Bunt
1x Seitenteil ohne Reißverschluss
in Bunt
1x Unterteil in Pink

Schnittmusterbogen A (Hellbraun)

TIPP: Eine Paspel zwischen Oberteil und Seitenteil peppt das Kissen zusätzlich auf. Für eine Runde benötigen Sie ca. 120 cm Paspelband mit Nahtzugabe.

UND SO GEHT'S

1 An beiden runden Kissenteilen den inneren Kreis mit Perlenaufreihgarn mit Steppstichen von Hand nähen (siehe Schnitt). Nadeln und Faden hängen lassen. An beiden Fadenenden vorsichtig den Kreis zusammenziehen. Dabei das obere Knopfteil des überziehbaren Knopfes hineinlegen und den Knopf vollständig einarbeiten. Die Fadenenden verknoten und die Enden durch das Knopföhr fädeln, damit der Knopf nicht verrutschen kann.

2 Die Kanten aller Teile mit Zickzackstich versäubern. An beiden Seitenteilen mit Reißverschluss an jeweils einer langen Kante 2 cm Nahtzugabe für den Reißverschluss nach hinten bügeln. Den Reißverschluss an beiden Reißverschluss-Seitenteilen einnähen (siehe „Reißverschlüsse einnähen" Seite 94).

3 Das Seitenteil ohne Reißverschluss rechts auf rechts auf das Reißverschluss-Teil legen und die kurzen Seiten zum Ring zusammennähen. Den Reißverschluss zum späteren leichteren Wenden etwas öffnen.

4 Den so entstandenen Seitenteilring rechts auf rechts nach den Markierungen jeweils zwischen die beiden runden Kissenteile steppen. Dabei die Mehrweite des runden Kissenteils von Hand in Falten legen und beim Zusammennähen übersteppen.

5 Zuletzt die Kissenhülle wenden und das Kisseninlet damit beziehen.

Hinweis: Ein passendes Kisseninlet können Sie auch selbst ganz leicht herstellen. Dafür einen Kreis nähen, der einige cm größer als das runde Kissen sein sollte. Diesen Kreis zusammennähen, wenden, mit Füllwatte ausstopfen und die Füllöffnung schließen.

Gemütliches Kuschelkissen

Edler Jacquard und leuchtende Farben machen aus diesem Kissen ein ganz besonderes Accessoire für drinnen und draußen.

Größe: 40 cm x 40 cm

SIE BRAUCHEN:
Baumwoll-Damast in Grün,
ca. 65 cm x ca. 100 cm
Baumwollrest in Pink
Kisseninlet, 40 cm x 40 cm
Klettverschluss in Ecru, 2 cm x 18 cm

ZUSCHNITT:
1x Kissenhülle in Grün
4x „Ohren" in Grün
4x „Ohren" in Pink

Schnittmusterbogen A (Dunkelgrün)

TIPP: Finden Sie kein Kissen in der geforderten Größe, kaufen Sie einfach die nächsthöhere Größe. So wird die Hülle schön prall ausgefüllt.

UND SO GEHT'S

1 An den kurzen Seiten jeweils 1 cm Nahtzugabe und 2 cm für den Übertritt nach innen bügeln.

2 Jeweils ein grünes und ein pinkfarbenes „Ohr" rechts auf rechts aufeinanderlegen und zusammennähen. Eine kleine Öffnung an einer geraden Stelle zum Wenden offen lassen. Die Ecken beschneiden, wenden und bügeln.

3 Den Umbruch für die Klettverschlüsse schmalkantig absteppen. An Über- und Untertritt mittig je ein Teil des Klettverschlusses anbringen.

4 Laut den Umbruchlinien im Schnitt die Kissenhülle rechts auf rechts zusammenklappen und feststeppen. Dabei liegt der Über- und Untertritt deckungsgleich aufeinander. Nun beide Seitennähte in 1 cm Breite schließen und mit Zickzackstich die Nahtzugaben versäubern. Zuletzt die Kissenhülle wenden.

5 Die „Ohren" an den schmalen Stellen mit einigen Stichen in alle vier Ecken nähen und einmal verknoten. Das Kissen in die Hülle einziehen.

Klassisches Matratzenkissen

Wer's lieber klassisch mag, näht sich dieses Matratzenkissen. Mit der markanten Naht passt es perfekt zu rustikalen Gartenmöbeln.

Größe: 35 cm x 35 cm x 5 cm

SIE BRAUCHEN:

Baumwoll-Damast in Ecru,
ca. 50 cm x ca. 90 cm
Schaumstoffzuschnitt,
5 cm x 35 cm x 35 cm
18 Knöpfe in Metalloptik bzw. mit
Rosenmuster oder Fimoknöpfe
Knopflochgarn in Weiß

ZUSCHNITT:

1x Kissenteil

Schnittmusterbogen A (Rot)

TIPP: Mit einem Henkel an der Seite wird das Kissen für den besseren Transport mobil.

UND SO GEHT'S

1 Die Kissenhülle schließen, dafür den Stoff rechts auf rechts aufeinanderlegen und die rückwärtige Naht schließen. Eine kleine Öffnung zum Wenden lassen.

2 Beide Seitennähte rechts auf rechts schließen, die Nahtzugabe auseinanderbügeln.

3 Alle 4 Ecken schließen, dazu die geschlossene Seitennaht jeweils auf die Markierung am Boden ziehen. Diese entstandene Tüte 1 cm breit absteppen. Die Hülle wenden, dabei die Ecken besonders sorgfältig ausarbeiten. Das Schaumstoffkissen mit der Hülle überziehen. Die Öffnung zum Wenden mit Handstichen schließen.

4 Mit doppeltem Knopflochgarn am unteren Rand mit Handstichen 1 cm vom Rand entfernt rundherum abnähen. Dabei etwas vom Schaumstoffkissen mitfassen.

5 Je 9 Knöpfe auf die Ober- und Unterseite (= Gegenknopf) mit Perlenaufreihgarn von Hand annähen (3 Reihen à 3 Knöpfe).

Picknickdecke

Nach dem Picknick wird die Decke zum praktischen Beutel: einfach mit der Schur zusammenziehen! Die Unterseite ist aus abwischbarem Material gearbeitet.

Größe: ø ca. 145 cm

SIE BRAUCHEN:

Baumwollstoff in Bunt, beschichtet, ca. 150 cm x ca. 150 cm
Baumwollstoff mit Ornamenten, ca. 110 cm x 110 cm
Baumwoll-Damaststoff in Grün, ca. 290 cm x 70 cm
Baumwollstoff geblümt, 110 cm x 25 cm
Baumwollstoff in Pink, 110 cm x 25 cm
Kordel in Ecru, 5 m lang
Kordelstopper rund
24 Ösen in Schwarz mit Scheiben, ø 11 mm

ZUSCHNITT:

1x Deckenteil Unterseite in Baumwollstoff beschichtet
1x Mittelkreis oben im Bruch in Baumwollstoff mit Ornamenten
4x Außenkreissegment oben in Grün
4x Kreissegment oben in Geblümt
4x Kreissegment oben in Pink

Schnittmusterbogen A+B (Hellblau)

Hinweis: Auf dem Schnittbogen ist jeweils ein Viertel des Schnittes als Schnittteil zu finden. Die Nahtzugaben sind bereits enthalten. Bruchlinien bitte beachten!

TIPPS: Wer es kuschelig mag, kann auch eine Seite aus Fleece oder Plüsch arbeiten.
Aus diesem Schnitt können Sie auch eine runde Tischdecke nähen. Am Saum dafür lediglich die Nahtzugabe versäubern, 1 cm nach hinten bügeln und schmalkantig absteppen.

UND SO GEHT'S

1 Farbige Segmentteile abwechselnd rechts auf rechts an den schmalen Seiten zum Kreis schließen. Die Nahtzugaben auseinanderbügeln.

2 Diesen Kreis rechts auf rechts an den Mittelkreis steppen, dabei die Nähhilfen am mittleren Kreis beachten. Die Nähte auseinanderbügeln.

3 Die vier äußeren Kreissegmente rechts auf rechts legen, und an den kurzen Seiten zum großen Kreis schließen, Nahtzugaben auseinanderbügeln. An den Mittelkreis rechts auf rechts in 1 cm Abstand steppen, dabei die Nähhilfen beachten. Die Nahtzugaben auseinanderbügeln.

4 Das obere fertige Deckenteil auf das untere beschichtete Deckenteil rechts auf rechts legen und aufeinanderstecken. Die Außenkante schließen, dabei eine Öffnung zum Wenden lassen. Wenden und von rechts bügeln. Die Öffnung von Hand oder mit der Maschine schließen.

5 Die Ösen nach Vorlage 3 cm vom Rand entfernt einschlagen. Die Kordel durchfädeln und die Enden durch den Kordelstopper fädeln.

Geräumiger Shopper

Diese Tasche bietet jede Menge Platz für alles, was man auf ausgedehnten Ausflügen so braucht.

UND SO GEHT'S

1 Alle Teile vor dem Fixieren mit Einlage ringsum mit Zickzackstich versäubern. Anschließend die Einlagen auf die linke Stoffseite der entsprechenden Teile aus Baumwolldamast aufbügeln. 2 cm Nahtzugabe am Reißverschluss-Oberteil nach innen bügeln.

2 Das Gurtband nach Vorgabe im Schnitt auf das Shopper-Taschenteil stecken. Das beschichtete Taschen- und Bodenteil an der geraden Kante am Tascheneingriff erst 1 cm, dann 3 cm nach innen umbügeln und mit Klebeband bis zur Weiterverarbeitung fixieren. Den Reißverschluss in die Reißverschluss-Oberteile nähen (siehe „Reißverschlüsse einnähen" Seite 94). Das Gurtband auf das Taschenteil feststeppen.

3 Die umgebügelten Tascheneingriffe am beschichteten Baumwollstoff schmalkantig absteppen. Das fertige Taschen- und Bodenteil nach Vorlage im Schnitt auf das Shopper-Taschenteil stecken und an den Seitennähten in 0,8 cm Abstand feststeppen.

4 Beide Pattenteile rechts auf rechts aufeinanderlegen und an der Rundung in 1 cm Breite miteinander verstürzen. Wenden, bügeln und die gerade Seite mit Zickzackstich versäubern. Auf die Vorderseite mittig die Gurtbänder an den Rand der Tasche so steppen, dass die Nahtzugabe im Taschen- und Bodenteil liegt.

5 Am Taschen- und Bodenteil Boden- und Teilungsnähte laut Markierung im Schnitt absteppen (siehe „Beschichtete Stoffe und Skai-Leder verarbeiten" Seite 93).

6 An die kurze Seite des Reißverschlussteils an Anfang und Ende jeweils rechts auf rechts je ein Seitenteil nähen. Das fertige Seiten- und Reißverschlussteil rechts auf rechts auf das Taschenteil zwischen die Bodenmarkierungen ringsum einnähen.

7 Die Tasche vorsichtig wenden und die Ecken gut herausdrücken. Am Pattenteil den Druckknopf einarbeiten. Das Gegenstück entsprechend am Taschenteil befestigen. Am Boden 4 Bodennägel für Taschen einarbeiten.

Größe: 50 cm x ca. 35 cm x 13 cm

SIE BRAUCHEN:

Baumwoll-Damast in Ecru,
ca. 140 cm x ca. 90 cm
Baumwollstoff beschichtet in Bunt,
ca. 60 cm x ca. 100 cm
Tascheneinlage Decovil in Weiß
Vlieseline H 250 in Weiß
2 Gurtbänder in Weiß, 3 cm x 85 cm
Reißverschluss in Ecru, 68 cm lang
+ 1 Schieber
4 Bodennägel für Taschen in Silber,
ø 1,5 cm
Druckknopf „Jersey" in Altmessing,
ø 1,8 cm

ZUSCHNITT:

1x Taschenteil im Bruch in Ecru
2x Seitenteil in Ecru
2x Reißverschluss-Oberteil in Ecru
2x Vorderteil-Patte in Ecru
1x Taschen- und Bodenteil im Bruch
in Bunt
1x Taschenteil im Bruch, Decovil
2x Seitenteil, Decovil
2x Reißverschluss-Oberteil in Weiß,
Vlieseline H 250

Schnittmusterbogen A (Lindgrün)

Arbeiten im Garten

Damit man den grünen Lebensraum genießen kann, muss er auch regelmäßig gepflegt werden. Gartenarbeit macht noch mehr Spaß, wenn die Gartengeräte in einer bunten, abwaschbaren Tasche aufbewahrt werden. Den letzten Pfiff erhalten Gartenhandschuhe und Gummistiefel durch witzige Manschetten.

Runde Gerätetasche

Unentbehrlich für Gartenarbeiten: In dieser Tasche verstaut man Geräte und Werkzeug schick und praktisch zugleich und kann die Gartenarbeit so richtig genießen.

Größe: ø 30 cm, 25 cm hoch

SIE BRAUCHEN:

Skai-Leder in Ecru,
ca. 70 cm x ca. 90 cm
Baumwollstoff beschichtet in
Grün geblümt, ca. 150 cm x 30 cm
Baumwollstoff in Bunt,
8 cm x ca. 90 cm
Gurtband in Weiß, 3 cm x ca. 110 cm

ZUSCHNITT:

1x Seitenteil im Bruch in Ecru
1x Bodenteil in Ecru
1x Außentasche im Bruch in
Grün geblümt
1x Bodenteil in Grün geblümt
2x Schrägstreifen in Bunt,
4 cm x ca. 90 cm

Schnittmusterbogen A (Dunkelblau)

TIPP: Ein Eimer, der in die Gerätetasche gestellt wird, erleichtert das Leeren von Gartenabfällen enorm.

UND SO GEHT'S

1 Die Schrägstreifen an einer Längsseite 2x 1 cm nach innen umbügeln. Beide Bodenteile links auf links aufeinanderlegen und 0,7 cm breit zusammensteppen.

2 Einen Schrägstreifen mit der rechten Seite der nicht umgebügelten Kante an die linke Seite des Tascheneingriffs der Außentasche in 1 cm Abstand aufsteppen. Den Schrägstreifen nach außen klappen und schmalkantig feststeppen, dabei die zuvor genähte Naht abdecken. Am oberen Rand des Seitenteiles den Schrägstreifen ebenso anbringen.

3 Das Gurtband als Henkel nach Vorgaben im Schnitt im Saumbereich des Seitenteils aufsteppen.

4 Das mit Schrägstreifen verarbeitete Außentaschenteil so auf das Seitenteil legen, dass beide Saumkanten aufeinanderliegen. Die Mehrweite des Außentaschenteiles durch Faltenlegung einhalten. Beide Teile in 0,7 cm Breite am Saum zusammensteppen.

5 Das Außentaschenteil einige Male senkrecht absteppen, damit kleine Taschen entstehen.

6 Die Seitennaht an der so entstandenen Tasche rechts auf rechts in 1 cm Breite schließen, dabei das Gurtband nicht mitfassen.

7 Das Seitenteil mit den Außentaschen rechts auf rechts auf das ovale Bodenteil steppen, dabei die Nähhilfen beachten.

8 Zuletzt das Gurtband am Tascheneingriff unterhalb des Schrägstreifens quer feststeppen.

Gürteltasche

Alles griffbereit! Mit dieser hübschen Tasche hat man alle Utensilien schnell zur Hand, wenn man draußen bei der Arbeit ist.

Größe: ca. 30 cm x 40 cm

SIE BRAUCHEN:

Skai-Leder in Ecru, ca. 50 cm x ca. 40 cm
Baumwollstoff geblümt, ca. 60 cm x 25 cm
Baumwoll-Damast in Apfelgrün, 4 cm x ca. 1 m
Gürtelschließe in Weiß, 2,5 cm breit
Gurtband in Weiß, 2,5 cm x ca. 120 cm
Klettverschluss in Weiß, 2 cm x ca. 3 cm
Karabinerhaken, 3 cm breit
Ripsband in Weiß, 2,6 cm x ca. 4 cm

ZUSCHNITT:

1x Taschenteil-Basis in Ecru
1x Außentasche in Geblümt
1x Schrägstreifen in Apfelgrün, 4 cm x ca. 1 m

Schnittmusterbogen A (Lavendel)

UND SO GEHT'S

1 An der Längskante des Schrägstreifens 2x 1 cm nach innen umbügeln. Anschließend am Tascheneingriff der Außentasche (obere Kante) erst 1 cm, dann 3 cm umbügeln und feststecken.

2 Diesen Umbruch an der Außentasche schmalkantig feststeppen. Die Falten dem Schnitt entsprechend legen. Ein Teil des Klettverschlusses nach Vorgaben im Schnitt aufsteppen. Das Ripsband durch den Karabinerhaken ziehen und zur Hälfte legen. Das Klettband an der Oberkante der Außentasche feststeppen und dabei das Ripsband mitfassen.

3 Die Außentasche dem Schnitt entsprechend auf die Basis stecken. Die Gegenstücke der Klettverschlüsse auf die Basis an die entsprechende Stelle steppen. Die Tasche nun ringsum auf die Basis steppen. Am Tascheneingriff jeweils mit einigen Querstichen enden, um ein Ausreißen zu verhindern.

4 Die sichtbaren Außenränder der Basis mit Schrägband einfassen, dabei die Verarbeitungshinweise für selbst gefertigtes Schrägband berücksichtigen (siehe „Schrägbänder verarbeiten" Seite 94). Das Schrägband mit der nicht umgebügelten Kante mit der rechten Stoffseite auf die linke Stoffseite der Basis legen und aufsteppen. Nun das Schrägband auf die rechte Seite klappen, bis an die eben genähte Naht ziehen und mit einer zweiten Naht feststeppen. An den Enden jeweils die Nahtzugabe nach innen klappen, dann den Schrägstreifen zusammenklappen und übersteppen.

4 Den Umbruch an der Taschenbasis 4 cm nach hinten klappen und schmalkantig absteppen.

5 Das Gurtband einziehen und jeweils einen Teil der Schließe durch ein Gurtende ziehen. Die Enden durch eine Naht sichern.

Peppiger Hut

Er schützt vor Sonne oder leichtem Regen und unterstreicht den ländlichen Look. Schnell genäht und mit der Blüte dekoriert ein richtiger Hingucker.

Größe: Kopfumfang ca. 54 cm

SIE BRAUCHEN:

Baumwoll-Damast in Ecru,
ca. 110 cm x ca. 90 cm
Futterstoff in Weiß/Ecru,
ca. 80 cm x 40 cm
Vlieseline H 410 in Weiß

ZUSCHNITT:

1x rundes Hutteil in Ecru
1x Seitenteil im Bruch in Ecru
2x Krempe im Bruch in Ecru
1x rundes Huttteil in Weiß/Ecru,
Futterstoff
1x Seitenteil im Bruch in Weiß/Ecru,
Futterstoff
1x rundes Hutteil in Vlieseline H 410
1x Seitenteil im Bruch in Vlieseline
H 410
2x Krempe im Bruch in Vlieseline
H 410

Schnittmusterbogen A (Türkis)

TIPP: Besonders steif und stabil wird der Hut, wenn das runde Hutteil mit einer Paspel verarbeitet wird. Dazu vor dem Zusammennähen eine 1 cm breite, ca. 30 cm lange Paspel auf das runde Hutteil nähen. Danach wie beschrieben weiter arbeiten.

UND SO GEHT'S

1 Die Vlieseline auf die linke Seite der entsprechenden Teile bügeln.

2 Die rückwärtigen Mittelnähte an beiden Krempenteilen und am seitlichen Hutteil rechts auf rechts liegend schließen. Die Nahtzugaben auseinanderbügeln.

3 Die beiden Krempenteile rechts auf rechts aufeinanderlegen, die rückwärtigen Mittelnähte liegen aufeinander. Die äußere Kante in 1 cm Abstand schließen, wenden und sorgfältig bügeln. Die verstürzte Krempe an die untere Kante des Seitenteiles rechts auf rechts ansteppen. Die Nähte der rückwärtigen Mitte treffen dabei aufeinander. Das runde Hutteil rechts auf rechts in 1 cm Abstand an das Seitenteil nähen.

4 Den Hut abfüttern, dafür die Rückenmittennaht am Futterseitenteil schließen, dabei eine Öffnung zum Wenden offen lassen. Die Nahtzugaben auseinanderbügeln.

5 Das Futterseitenteil an das runde Futterteil rechts auf rechts steppen. Das Futterteil mit der Krempenansatznaht rechts auf rechts an die Krempennaht rundherum in 1 cm Abstand absteppen.

6 Vorsichtig den Hut wenden, die Öffnung zum Wenden schmalkantig schließen und den Hut nochmals bügeln.

Hinweis: Wenn Sie einen regenfesten Hut nähen möchten, nehmen Sie dazu einen beschichteten Stoff.

Gartenhandschuhe

Die gemusterte Stulpe sieht nicht nur gut aus,
sondern schützt zusätzlich auch die Hände vor
spitzen Dornen und hartnäckigem Schmutz.

Größe: 22 cm Schaftweite, 10 cm hoch

SIE BRAUCHEN:
Baumwollstoff bedruckt in Bunt,
ca. 40 cm x 20 cm
Baumwollstoff in Pink,
ca. 40 cm x 20 cm
Gartenhandschuhe in Rot

ZUSCHNITT:
2x Manschettenteil in Bunt
2x Manschettenteil in Pink

Schnittmusterbogen A (Oliv)

UND SO GEHT'S

1 Jeweils ein Manschettenteil aus bedrucktem und unbe-
drucktem Baumwollstoff rechts auf rechts deckungsgleich
aufeinanderlegen. Die Saumlinie in 1 cm Abstand zusammensteppen und die Nahtzugabe auseinanderbügeln.

2 Die Manschette rechts auf rechts so legen, dass die Seitennähte am pinkfarbenen und am gemusterten Teil jeweils
aufeinanderliegen. Die lange Seitennaht in 1 cm Abstand
schließen und die Nahtzugabe auseinanderbügeln, wenden
und nochmals von außen bügeln.

3 An der offenen Seite die Kanten des bedruckten und unbe-
druckten Teils mit Zickzackstich versäubern.

4 Die Manschette rechts auf rechts an der Ansatznaht an die
Handschuhe nähen.

5 Die zweite Manschette ebenso fertigen.

TIPP: Ein tolles Last-Minute- Geschenk für
Hobbygärtner/-innen!

Gummistiefel-Manschetten

So kommt man sicher durch Matsch und Schlamm, und einfache Stiefel werden zum ländlichen Accessoire.

Größe: 38 cm Schaftweite, 14 cm hoch

SIE BRAUCHEN:
Fleecestoff, ca. 90 cm x 20 cm
Baumwollstoff in Bunt, 90 cm x 20 cm
Gummistiefel

ZUSCHNITT:
1x Manschette in Fleecestoff
1x Manschette in Bunt

Schnittmusterbogen A (Dunkelbraun)

UND SO GEHT'S

1 Jeweils ein Fleece-Teil mit einem Baumwollteil rechts auf rechts aufeinanderlegen und an einer langen Seite zusammensteppen. Die Nahtzugaben auseinanderbügeln.

2 Die Manschettenteile umfalten und die schmale Seite (Seitennaht) rechts auf rechts von oben bis unten schließen.

3 Die Manschetten wenden und so bügeln, dass am Saum 1 cm Futter zu sehen ist.

4 Die Manschetten in die Gummistiefel stecken und seitlich mit einigen Stichen festnähen.

TIPP: Das Annähen kann auch mit der Nähmaschine gemacht werden, dabei sehr weite Stiche benutzen.

Praktisches Kniekissen

Aus abwischbarem Stoff genäht, hilft dieses
Kissen bei der Gartenarbeit. Mit der Trage-
schlaufe hat man es immer dabei!

Größe: 35 cm x 35 cm

SIE BRAUCHEN:
Baumwollstoff beschichtet in Bunt,
ca. 50 cm x 80 cm
Gurtband in Weiß, 2,5 cm x ca. 35 cm
Kniekisseninlet, ca. 3 cm x 35 cm x
30 cm

ZUSCHNITT:
1x Kissenteil im Bruch in Bunt

Schnittmusterbogen A (Hellgrau)

UND SO GEHT'S

1 Die Nahtzugabe der rückwärtigen Mitte vorsichtig 1 cm
nach innen bügeln, dabei die Verarbeitungshinweise für
beschichtete Stoffe beachten (siehe „Beschichtete Stoffe
und Skai-Leder verarbeiten" Seite 93).

2 Die Kissenhülle rechts auf rechts zusammenlegen und die
Seitennähte schließen.

3 Beide vorderen Ecken schließen, dazu die Seitennähte auf
die Bodenmitte legen und quer in 1 cm Abstand absteppen.

4 Die Kissenhülle wenden und das Kissen einziehen.

5 Die rückwärtige Naht schließen, dazu die Nahtzugabe nach
innen klappen, feststecken und die Naht schmalkantig absteppen. Dabei mittig das Gurtband als Henkel mitfassen.

TIPP: Das Kniekissen kann für eine
Verschnaufpause gerne auch einmal
zum Sitzen verwendet werden.

Im gemütlichen Wohnzimmer

Mit Accessoires, die farblich aufeinander abgestimmt sind, werden im Wohnzimmer ganz neue Akzente gesetzt. Ton in Ton werden die verschiedenen Einrichtungsgegenstände aufeinander abgestimmt und verleihen dem Raum in warmen Farbtönen einen edlen und gleichzeitig gemütlichen Anstrich.

Hocker mit Deckel

Vielseitig nutzbar als Hocker, zur Aufbewahrung und als Beistelltisch – schnell genäht mit edlen Stoffen.

Größe: Deckel 34 cm x 42 cm x 9,5 cm
Hocker 34 cm x 42 cm x 44 cm

SIE BRAUCHEN:

Für den Deckel:
Polyester-Satin bestickt in Weinrot,
ca. 70 cm x 70 cm
Baumwollstoff bedruckt in Ecru,
ca. 70 cm x 70 cm
stabiler Pappdeckel

Für den Hocker:
Baumwollstoff bedruckt in Ecru,
ca. 110 cm x ca. 130 cm
Filz in Ecru, ca. 35 cm x 45 cm
stabiler Pappkarton

ZUSCHNITT:

Für den Deckel:
1x Außendeckel in Weinrot
1x Innendeckel in Ecru

Für den Hocker:
2x Hockerteil in Ecru

Schnittmusterbogen B (Lila)

TIPP: Ein Rechteck aus Filz in der Größe des Hockers kann zusätzlich noch eingelegt werden.

UND SO GEHT'S

1 Zuerst den Schnitt für den Deckel erstellen, dazu an das große sichtbare Oberteil jeweils die Seitenteile ansetzen. Dieses Schnittteil wird für das rote sichtbare Außenteil und das Innenteil benötigt.

2 Nun alle Ecken an Außen- und Innendeckel rechts auf rechts legen, in 1 cm Abstand schließen und die Nahtzugaben auseinanderbügeln. Evtl. die Nahtzugaben an den Ecken etwas aufschneiden.

3 Beide Deckelteile rechts auf rechts ineinanderlegen, die Ecken treffen dabei aufeinander. Drei Kanten schließen, eine Längskante offen lassen. Die Nahtzugaben auseinanderbügeln, wenden, den Deckel einschieben und die offene Längskante von Hand schließen.

4 Für den Hocker den Schnitt genau wie beim Deckel erstellen. Die Ecken fallen dabei nur etwas länger aus.

5 Alle Ecken an Außen- und Innendeckel rechts auf rechts legen, schließen und die Nahtzugaben auseinanderbügeln. Evtl. die Nahtzugaben an den Ecken etwas aufschneiden.

6 Beide Hockerteile rechts auf rechts ineinanderlegen, die Ecken treffen dabei aufeinander. Zwei Kanten schließen. Eine Längs- und eine Schmalkante offen lassen. Die Nahtzugaben auseinanderbügeln, wenden, den Hocker einschieben und die offenen Kanten von Hand schließen.

Puschen für Damen

Für lauschige Abende am Kamin sind diese eleganten Hausschuhe gemacht. Die edle Blüte wird mit einem üppigen Schmuckknopf verziert.

Größe: 38

SIE BRAUCHEN:

Polyestersamt in Weinrot, ca. 70 cm x 30 cm
Filz in Ecru, ca. 2 mm stark, ca. 70 cm x 30 cm
Filz in Weinrot, ca. 5 mm stark, ca. 30 cm x 30 cm
Filz in Ecru, ca. 5 mm stark, ca. 30 cm x 30 cm
Skai-Lederreste in Weinrot
2 Schmuckknöpfe
Sohlenlatex in Grau
Duchesse-Schrägstreifen in Weinrot, ca. 80 cm
Duchesse-Schrägstreifen in Pink, ca. 160 cm
Moosgummirest

ZUSCHNITT:

2x Schuhoberteil aus Polyestersamt in Weinrot
2x Schuhoberteil in Ecru aus 2 mm starkem Filz
2x Sohle innen mit Nahtzugabe in Weinrot
aus 5 mm starkem Filz
2x Sohle außen mit Nahtzugabe in Ecru
aus 5 mm starkem Filz
2x äußere Blütenblätter in Weinrot aus Skai-Leder
2x innere Blütenblätter in Weinrot aus Skai-Leder
2x Sohlenteil ohne Nahtzugabe aus Moosgummi

Schnittmusterbogen B (Purpur)

UND SO GEHT'S

1 Auf die Außensohle aus Ecru nach Anweisung des Herstellers das Sohlenlatex als Ornament mit einer Schablone oder vollflächig aufbringen und vor der Weiterverarbeitung einen Tag trocknen lassen.

2 Den weinroten Schrägstreifen so zusammenklappen und bügeln, dass die vorgefalzte Nahtzugabe innen liegt.

3 Jeweils ein Schuhoberteil aus Filz und Samt links auf links aufeinanderlegen und zusammenstecken. Mit großen Stichen diese beiden Stofflagen an den Rundungen zusammennähen.

4 Die kurzen rückwärtigen Mittelnähte mit dem weinroten Schrägband versäubern (siehe Schrägbänder verarbeiten" Seite 94). Die Enden abschneiden.

5 An der oberen kurzen und engen Rundung der Schuhoberteile die weinroten Schrägstreifen wie beschrieben anbringen. Die Nahtzugaben der Enden vor der Verarbeitung lediglich 1 cm nach innen umklappen und übersteppen.

6 Die Schuhoberteile rechts auf rechts aufeinanderlegen und die versäuberte Rückenmittennaht schließen. Das Schuhoberteil wenden. Den zweiten Schuh ebenso arbeiten.

7 Das Schuhoberteil links auf links auf die weinrote Innensohle stecken, dabei die Markierungen im Schnitt beachten. Beide Teile in 0,7 cm Abstand zusammensteppen. Den zweiten Schuh ebenso arbeiten, dabei darauf achten, dass ein rechter und ein linker Schuh entsteht.

8 An einer Längsseite des pinkfarbenen Schrägstreifens die vorgefaltete Nahtzugabe hochklappen. Am Anfang 1 cm Nahtzugabe nach innen klappen. Diese hochgeklappte Nahtzugabe an den Rand der Innensohle des fast fertigen Schuhs in der vorher genähten Naht feststeppen. Beim Feststeppen das Ende des Schrägstreifens 2 cm über den Anfang steppen. Den Schrägstreifen nach oben klappen und mit einer zweiten Naht schmalkantig feststeppen, dabei den Oberfaden in Pink wählen. Den zweiten Schuh ebenso arbeiten.

9 Das fast fertige Schuhoberteil in der eben genähten Naht auf die helle Sohle steppen. Darauf achten, dass das Ornament außen liegt. Die Moosgummisohle dabei zwischen Innen- und Außensohle als Polster legen. Den zweiten Schuh gegengleich arbeiten.

10 Zuletzt ein kleines Blütenblatt auf ein großes legen und mit dem Knopf von Hand außen an den fertigen Schuh nähen.

TIPP: Das Ornament auf wieder ablösbare Din-A4-Papieretiketten drucken, ausschneiden und auf die gewünschte Stelle an der Sohle kleben. Die Latexfarbe mit Pinsel oder Spachtel auftragen. Daran denken, dass die Form auf die zweite Sohle spiegelbildlich aufgedruckt werden muss.

Kieselkissen mit Blüte

Aus schimmerndem Samt ist dieses Kissen genäht und passt perfekt zum idyllischen Wohnambiente.

Größe: Kissen ø ca. 35 cm, 30 cm hoch
Blüte ø 15 cm

SIE BRAUCHEN:

Für das Kissen:
Polyester-Samt in Weinrot,
ca. 120 cm x ca. 120 cm
1 kg Füllwatte
Einlagereste in Schwarz

Für die Blüte:
Skai-Leder in Weinrot, ca. 30 cm x
30 cm
Schmuckknopf

ZUSCHNITT:

Für das Kissen:
6x Kissensegment in Weinrot
12 Dreiecke für Ecken in Schwarz
(Einlage)

Für die Blüte:
5x große Blütenblätter in Weinrot
4x kleine Blütenblätter in Weinrot
1x inneres Blütenblatt in Weinrot
1x runde Basis in Weinrot

Schnittmusterbogen B (Hellbraun)

UND SO GEHT'S

Kissen

1 Für das Kissen vor dem Zusammennähen die Kanten der Öffnung mit Zickzackstich versäubern.

2 Alle Ecken der Kissensegmente mit den Einlagendreiecken bekleben, dabei die Verarbeitungshinweise für Samtstoff beachten (siehe „Samt und Stoffe mit niedrigem Flor verarbeiten" Seite 93).

3 Alle Teile wie einen Ballon rechts auf rechts aufeinanderlegen und zusammensteppen. Eine Öffnung zum Wenden und Befüllen an den versäuberten Kanten an einer geraden Stelle offen lassen.

4 Die Hülle wenden und mit Füllwatte fest ausstopfen. Zuletzt die Öffnung mit Handstichen zusammennähen.

5 Die Blüte von Hand auf eine Mitte, den Treffpunkt aller Segmente des Kissens, annähen.

Blüte

1 Für die Blüte alle Blütenblätter so legen, dass innen eine Quetschfalte entsteht. Die Markierungen an den Blütenblättern helfen dabei. Die Falte an den Blütenblättern in ca. 0,7 cm Abstand absteppen.

2 Die fünf großen Blütenblätter 1 cm vom Rand der Basis entfernt ringsum verteilt aufsteppen.

3 Die vier kleinen Blütenblätter 1 cm von den eben genähten Blättern ebenso verarbeitet aufnähen.

4 Das innere Blütenblatt mit einigen eng eingestellten Zickzackstichen mittig aufsteppen. Den Schmuckknopf von Hand aufnähen.

Hinweis: Tipps zum Zusammennähen des Kissens auf Seite 49.

Großes Kieselkissen

So wird's richtig gemütlich: Mit dem großen Sitzkissen ganz nah am Kamin genießt man vollendete Wohlfühl-Atmosphäre.

Größe: ø ca. 70 cm, 50 cm hoch

SIE BRAUCHEN:

Baumwollplüsch in Cremeweiß,
ca. 140 cm x ca. 150 cm
4 kg Füllwatte
Einlagereste in Weiß

ZUSCHNITT:

6x Kissensegment in Cremeweiß
12 Dreiecke für Ecken in Weiß
(Einlage)

Schnittmusterbogen B (Hellbraun)

UND SO GEHT'S

1 Für das Kissen vor dem Zusammennähen die Kanten der Öffnung mit Zickzackstich versäubern.

2 Alle Ecken der Kissensegmente mit den Einlagendreiecken bekleben, dabei die Verarbeitungshinweise für Samtstoff beachten (siehe „Samt und Stoffe mit niedrigem Flor verarbeiten" Seite 93).

3 Alle Teile wie einen Ballon rechts auf rechts aufeinanderlegen und zusammensteppen. Eine Öffnung zum Wenden und Befüllen an den versäuberten Kanten an einer geraden Stelle offen lassen.

4 Die Hülle wenden und mit Füllmaterial fest ausstopfen. Zuletzt die Öffnung mit Handstichen zusammennähen.

TIPP: Damit die Spitze schön wird, zuerst jeweils zwei Teile aufeinandernähen, dann jeweils ein drittes Teil daran annähen. An den Spitzen jedoch 1 cm vor Stoffende stoppen. Es sind nun jeweils drei Teile aneinandergenäht. Mit einer letzten Naht dann das Kissen schließen. Auch hier jeweils 1 cm vor dem Ende stoppen. Bei sauberem Arbeiten treffen sich alle Nähte an einem Punkt.

Holzlege

Auch für Zeitschriften oder Strickzeug ein prima Platz zur dekorativen Aufbewahrung ist dieses Modell aus Wollfilz.

Größe: ca. 40 cm x 40 cm x 26 cm

SIE BRAUCHEN:
Filz in Weinrot, 5 mm stark,
ca. 45 cm x ca. 220 cm

ZUSCHNITT:
1x Seitenteil mit Griff im Bruch
in Weinrot
1x Boden in Weinrot

Schnittmusterbogen B (Apricot)

UND SO GEHT'S

1 Die Seitennaht rechts auf rechts in 1 cm Abstand schließen. Die Nahtzugabe auseinanderbügeln.

2 Das Seitenteil rechts auf rechts auf das Bodenteil stecken, dabei auf die Markierungen im Schnitt achten. Die Seitennaht liegt dabei an der Mitte einer Bodenseite. In 1 cm Abstand festnähen.

3 Die Tasche wenden und den Griff mit einer Raupennaht (siehe Hinweis unten) zusammennähen.

Hinweis: Für die Raupennaht einen Zickzackstich verwenden, der sehr eng beieinanderliegt und groß eingestellt ist. Die zu bearbeitenden Teile rechts auf rechts aufeinanderlegen. Nun so nähen, dass der linke Stich des Zickzackstiches in den Filz sticht, der rechte Stich jedoch ins Leere geht. Die ganze Griffbreite so arbeiten. Danach an beiden Teilen vorsichtig so auseinanderziehen und die Naht gerade bügeln.

TIPP: Um der Tasche besseren Stand zu geben, an den Ecken ca. 2 cm von oben nach unten 1 cm breit absteppen.

Kuscheliges Plaid

Beim Entspannen am Kamin wärmt dieses Plaid aus weichem Fleece. Die breite Blende aus Jacquard unterstreicht den romantischen Stil.

Größe: ca. 150 cm x 190 cm

SIE BRAUCHEN:

Fleece bedruckt in Ecru, 150 cm x 190 cm

Polyester-Satin bestickt in Weinrot, 20 cm x 150 cm

Duchesseschrägstreifen in Ecru, ca. 2 cm x 550 cm

ZUSCHNITT:

1x 190 cm x 150 cm in Fleece
1x 20 cm x 150 cm in Polyester-Satin

TIPP: Beim Aufsteppen der Dekoblende wird die Naht „unsichtbar", wenn Ober- und Unterfadenfarbe den Stoffen angepasst wird. Hier ist beim Absteppen dann die Oberfadenfarbe in Weinrot und der Unterfaden in Ecru zu wählen.

UND SO GEHT'S

1 An der Dekoblende aus Polyester-Satin an einer Längsseite und an den beiden kurzen Seiten 1 cm Nahtzugabe nach innen umbügeln und feststecken.

2 Beide Längskanten des Plaids und die kurze Seite am Fußende mit dem Schrägband versäubern. Dazu die Verarbeitungshinweise für Schrägband beachten (siehe „Schrägbänder verarbeiten" Seite 94).

3 Nun die Dekoblende am oberen Ende aufsteppen, dabei die nicht umgebügelte Kante der Blende mit der rechten Seite auf die linke Seite des Plaids stecken und in 1 cm Abstand feststeppen. Die Nahtzugabe auseinanderbügeln und die Blende nach vorne klappen. Die Blende rundherum feststecken und anschließend schmalkantig absteppen.

Hinweis: Bei Fleecestoffen kann man statt einer aufwändigen Verarbeitung mit einer Dekoblende auch nur einfach ca. 1 cm breite Fransen einschneiden.

Wohlfühlatmosphäre im Country-Style

Moderne Stoffe und Designs laden geradezu dazu ein, in Vielfalt zu schwelgen und zu experimentieren. Seien Sie mutig und gestalten Sie Ihr Zuhause einmal ganz neu. Verschönern Sie Ihre Gardine zur Abwechslung doch einmal mit einer Perlenbordüre oder verhüllen Sie Ihren Tisch mit einer schönen Husse.

Edle Gardine

Mit Perlenbordüre wird die Gardine zum ganz besonderen Einzelstück und setzt eindrucksvolle Akzente.

Größe: 140 cm x ca. 300 cm

SIE BRAUCHEN:

Baumwollstoff geblümt,
140 cm x 300 cm
Wildseide in Orange,
ca. 50 cm x 150 cm
Perlenbordüre in Ecru, ca. 145 cm
Gardinenband mit Schieber, ca. 145 cm

ZUSCHNITT:

1x Gardine in Geblümt,
140 cm x 300 cm
1x Saumteil in Wildseide,
150 cm x 50 cm

UND SO GEHT'S

1 An der Gardine die Webkanten 2 cm nach hinten bügeln und feststecken. Am oberen Rand den Stoff zuerst 1 cm, dann 3 cm umbügeln. Am orangefarbenen Saumteil an einer langen Seite 1 cm Nahtzugabe nach innen bügeln.

2 Das Saumteil mit der offenen nicht umgebügelten rechten Stoffseite auf die linke Seite der Gardine im Bereich des Saumes in 1 cm Breite aufsteppen. Die Nahtzugaben auseinanderbügeln. Das Saumteil auf die rechte Seite umklappen und feststecken. Die Seiten der Gardine schmalkantig absteppen.

3 Die Nahtzugaben des Saumbeleges an den Seiten deckungsgleich nach innen klappen, feststecken und schmalkantig auf die Gardine nähen.

4 Beim Feststeppen des Saumbeleges an der umgebügelten Kante die Perlenbordüre mitfassen.

5 Das Gardinenband an den oberen umgebügelten Rand der Gardine nähen. Bei Bedarf das Gardinenband etwas raffen.

TIPP: Möchten Sie eine Außengardine als Sichtschutz nähen, steppen Sie an der oberen Kante einen Tunnel ab, schieben Sie einen Bambusstab durch und hängen Sie den Sichtschutz im Garten auf.

Üppige Quasten

Mit wenigen Stichen genäht sind diese Quasten. Dekorativ raffen sie Gardinen und Vorhänge.

Größe: Quastenlänge 15 cm,
Kordellänge ca. 1 m

SIE BRAUCHEN:

Micro-Fleece geblümt, 70 cm x 40 cm
Kordel in Ecru, 2 m lang
Satinband in Ecru, 0,5 cm x 30 cm

TIPP: Für die Quasten eignet sich am besten ein Stoff, der nicht ausfranst.

UND SO GEHT'S

1 Beide Längsseiten des Rechtecks bis zur Mitte klappen. Die Umbrüche der Längsseiten nochmals aufeinanderlegen, so dass die offenen Kanten nun ganz innen liegen.

2 Um Fransen zu erhalten ca. 1 cm breit in das rechteckige Stoffpaket einschneiden.

3 Die Kordel halbieren und an der nicht beschnittenen Seite des Rechtecks festnähen.

4 Den Stoff stramm um die Kordel rollen. Das Satinband einige Male um die entstandene Rolle wickeln und festbinden.

Tischhusse

Unterstreicht den individuellen ländlichen Stil: Die gemusterte Tischhusse lässt sich einfach in jeder beliebigen Größe nähen.

Größe: ø 60 cm, 70 cm hoch

SIE BRAUCHEN:
Baumwollstoff geblümt,
ca. 140 cm x ca. 250 cm

ZUSCHNITT:
1x Tischplattenteil
1x Seitenteil

TIPP: Wie Sie einen Zirkel für einen großen Kreis herstellen können, sehen Sie auf Seite 92 (siehe „Stoffzuschnitt).

UND SO GEHT'S

1 Den Durchmesser und die Höhe des Tischchens ausmessen, dafür entweder den umgekehrten Tisch mit der Tischplatte auf das Schnittpapier stellen und mit einem spitzen Stift umfahren oder den Durchmesser ausmessen und aufzeichnen. 1 cm Nahtzugabe ringsum anzeichnen, dann die Hälfte des Umfangs ausmessen und notieren.

2 An den Rand der runden Tischplatte ein Rechteck nähen, das die Weite des Umfangs beträgt. Das Rechteck entspricht also dem Umfang des Tischplattenteiles inklusive 1 cm Nahtzugabe an jeder Seite.

3 Nun die Höhe für dieses Rechteck festlegen, dies entspricht der gewünschten Tischdeckenlänge. Dazu vom Tischplattenrand die gewünschte Länge abmessen und eine Saumzugabe von 1 cm + 6 cm anzeichnen. Am oberen Rand des Rechtecks 1 cm Nahtzugabe anzeichnen, insgesamt also 8 cm.

4 Am Seitenteil den Saum an der langen Kante zuerst 1 cm, dann 6 cm nach innen umbügeln und feststecken. Die kurzen Längskanten am Seitenteil versäubern.

5 Die Nähhilfen am Tischplattenteil (jeweils ein Viertel) und am Seitenteil (jeweils ein Viertel) markieren.

6 Das Seitenteil rechts auf rechts aufeinanderlegen und die kurze Seite schließen. Die Nahtzugaben auseinanderbügeln.

7 Das Seitenteil an das Tischplattenteil ringsum annähen, dabei evtl. Mehrweite in Falten legen. Die markierten Nähhilfen treffen aufeinander. Die Nahtzugaben gemeinsam versäubern.

8 Den Saum ringsherum schmalkantig feststeppen.

9 Zuletzt den Tisch mit der Husse beziehen.

Raffiniertes Sitzkissen

Dieses Kissen im Country-Style lädt ein zu Kaffee oder Tee und zaubert ein edles Ambiente in ihr Zuhause.

Größe: 5,5 cm x 40 cm x 40 cm

SIE BRAUCHEN:

Micro-Fleece geblümt, ca. 50 cm x ca. 95 cm
Reißverschluss in Ecru, ca. 35 cm lang
Sitzkissen, ca. 5,5 cm x 40 cm x 40 cm

ZUSCHNITT:

1x Kissenteil

Schnittmusterbogen B (Rot)

UND SO GEHT'S

1 2 cm Nahtzugaben an beiden kurzen Seiten des Kissenteils nach hinten bügeln.

2 Die Kissenhülle rechts auf rechts aufeinanderlegen und die Naht mit den umgebügelten Seiten in 2 cm Abstand ca. 2 cm weit rechts und links schließen.

3 Den Reißverschluss öffnen und an diese Seite einnähen (siehe „Reißverschlüsse einnähen" Seite 94). Den Reißverschluss nach dem Einnähen zum Wenden etwas geöffnet lassen.

4 Beide Seitennähte rechts auf rechts legen und schließen. Die Nahtzugaben auseinanderbügeln.

5 Alle Ecken schließen, dazu die Seitennaht auf die Bodenmarkierung legen und diese entstandene Ecke in 1 cm Abstand, die etwas schräg beginnt, absteppen.

6 Die Kissenhülle wenden und das Kissen beziehen.

TIPP: Um dem Kissen den letzten Pfiff zu geben, seitlich Bänder oder Kordeln mitfassen, mit denen das Kissen am Stuhl festgebunden werden kann. In die Sitzflächenmitte einen überzogenen Knopf mit Gegenknopf annähen.

Lehnenhusse

Ein neues Kleid für jeden Stuhl – so wird das Ambiente komplett!

Größe: ca. 42 cm x 21 cm

SIE BRAUCHEN:
Micro-Fleece in Geblümt, ca. 90 cm x 70 cm

ZUSCHNITT:
1x Lehnenhusse

UND SO GEHT'S

1 Einmal mit dem Maßband um die Lehne des Stuhls messen und 1 cm Nahtzugabe an jedem Rand dazugeben. Die Weite ergibt die Breite des Schnittteils.

2 Die gewünschte Höhe von 4 cm (= 3 cm + 1 cm) abmessen und festlegen, dabei die Nahtzugaben nicht vergessen. Dieses Maß ergibt die Höhe des Schnittteils. Es ist so ein Rechteck entstanden.

3 Alle Kanten versäubern. 3 cm Saum an der unteren Saumkante nach innen bügeln und feststecken.

4 Die Husse rechts auf rechts legen und die Seitennaht in 1 cm Abstand schließen. Den Saum von Hand oder mit der Maschine säumen.

5 Die Husse wenden und über die Rückenlehne ziehen.

TIPP: Wenn Sie mittig am Saum Klettverschluss, einen Druckknopf, Knopf oder Kordeln bzw. Bänder anbringen, kann die Husse auch verschlossen werden.

Deckenhalter

Einfach, aber wirkungsvoll: So bleibt die Decke an Ort und Stelle.

Größe: 12 cm x 90 cm

SIE BRAUCHEN:
Wildseide in Orange, 90 cm x 26 cm
Klettverschluss, 2 cm x ca. 8 cm
Hocker
Plaid

UND SO GEHT'S

1 Den Stoff rechts auf rechts zusammenlegen und die Längsnaht schließen. Die Nahtzugabe auseinanderbügeln und durch eine kurze Seite wenden. Von rechts nochmals sorgfältig bügeln.

2 Je ein Teil des Klettverschlusses passend an eine Schmalseite nähen, dafür zuvor die Decke auf den Hocker legen und die Weite ausmessen.

3 Die Decke zusammengelegt auf den Hocker legen und den Deckenhalter um die Sitzfläche und das Plaid führen. Der Klettverschluss liegt unsichtbar unterhalb der Sitzfläche.

Hinweis: Dieser Deckenhalter eignet sich auch für Bierbänke ohne Hussen, wenn die Kissen festgehalten werden sollen. Dann ist er ein Kissenhalter.

TIPP: Quer zum Deckenhalter können Sie wie hier zusätzlich eine Blüte an einer Kordel anbringen. Dazu die Blütenblätter (siehe S. 47) aus Baumwolldamast ausschneiden und nicht versäubern. Durch ein Loch in der Mitte die Kordel mit einem Knoten in der Kordelmitte durchfädeln. Nach dem Einschieben der inneren Blütenblätter und der Blütenblätter auf der Basis nochmals die Kordel verknoten.

Gemütlicher Becherwärmer

Kakao oder Tee? Nach einem langen Tag an der frischen Luft schmeckt ein heißes Getränk noch mal so gut.

Größe: ø 7 cm, 10 cm hoch

SIE BRAUCHEN:

Filz in Ecru, 30 cm x 10 cm
Becher ohne Henkel
Schmuckknopf

ZUSCHNITT:

1x Becherwärmer im Bruch in Filz

Schnittmusterbogen B (Blau)

UND SO GEHT'S

1 Das zugeschnittene Filzstück am Bruch zusammenklappen und die Nahtlinie absteppen.

2 Den Knopf von Hand annähen.

3 Zuletzt den Becher in den Wärmer hineinstellen.

TIPP: Man kann auch den Griff weglassen. Nähen Sie dazu an der Nahtlinie. Becherteil im Bruch zuschneiden und mit Raupennaht (siehe S. 50) schließen.

Ländliche Küchenstimmung

Die gemütliche Küche ist ein beliebter Treffpunkt für alle Mitbewohner. Bunte Stoffe, die miteinander harmonieren, sorgen für ein wohnliches Ambiente. Wenn Schürze, Sitzauflagen, Aufbewahrungskörbe und Taschen farblich zueinander passen, ergibt sich ein farbenfrohes und stimmiges Bild.

Tablett

Frühstück und Nachmittagskaffee lassen sich stilvoll servieren mit diesem dekorativen Tablett aus romatischen Stoffen.

Größe: 31 cm x 23 cm x 5 cm

SIE BRAUCHEN:

Baumwollstoff in Bunt,
ca. 50 cm x ca. 40 cm
Baumwollstoff mit Ornamenten,
ca. 50 cm x ca. 40 cm
2 Möbelknäufe in Ecru und Rose
Stabiler Schachteldeckel

ZUSCHNITT:

1x Tablettteil in Bunt
1x Tablettteil in Baumwollstoff mit Ornamenten

Schnittmusterbogen B (Flieder)

UND SO GEHT'S

1 Die Ecken rechts auf rechts an jedem Teil in 1 cm Breite zusammensteppen. Die Nahtzugaben bis ganz zur Ecke aufschneiden und auseinanderbügeln.

2 Beide Tablettteile rechts auf rechts deckungsgleich aufeinanderlegen und die offene Kante schließen. Dabei eine Längskante zum Wenden und Einziehen offen lassen. Die Nahtzugaben auseinanderbügeln.

3 Die Hülle wenden, den Deckel einschieben und die offene Kante von Hand schließen.

4 Rechts und links an den kurzen Seiten mittig mit einer Ahle jeweils ein Loch vorbohren. Die Möbelknäufe durchstecken und festschrauben. Evtl. Schrauben etwas kürzen.

TIPP: Wenn die Innenseite aus beschichteter Baumwolle gefertigt wird, ist das Tablett abwischbar und dadurch leicht zu pflegen.

Praktische Körbe

Für Brötchen und Obst, als dekorative Ordnungshelfer oder als Geschenk das von Herzen kommt sind diese Körbe im Mustermix ideal.

TIPP: Zusammen mit der Garderobe von Seite 84 ergeben diese Körbe, mit Aufhängern versehen, ein praktisches und sehr dekoratives Utensilo.

Größe: Großer Korb ø 24 cm, 17 cm hoch, mittlerer Korb ø 19 cm, 17 cm hoch, kleiner Korb ø 12 cm, 11 cm hoch

SIE BRAUCHEN:

Vlieseline H 250

Für den großen Korb:
Baumwollstoff in Lila kariert, 80 cm x 30 cm
Baumwollstoff mit Ornamenten, 140 cm x 30 cm

Für den mittleren Korb:
Baumwollstoff in Lila-Weiß gemustert, 100 cm x 25 cm
Baumwollstoff mit Stempeldruck, 100 cm x 25 cm

Für den kleinen Korb:
Baumwollstoff in Lila-Weiß gemustert, 60 cm x 20 cm
Baumwollstoff mit Stempeldruck, 60 cm x 20 cm

ZUSCHNITT:

Für den großen Korb:
1x Seitenteil im Bruch in Lila kariert
1x Seitenteil im Bruch mit Ornamenten
2x Bodenteil mit Ornamenten

Für den mittleren und kleinen Korb:
1x Seitenteil im Bruch in Lila-Weiß gemustert
1x Bodenteil in Lila-Weiß gemustert
1x Seitenteil im Bruch mit Stempeldruck
1x Bodenteil mit Stempeldruck

Schnittmusterbogen B (Türkis)

UND SO GEHT'S

1 Vlieseline auf die linke Stoffseite aller Teile aufbügeln.

2 Am Seitenteil die Seitennaht rechts auf rechts in 1 cm Breite schließen, dabei am Innenteil eine Öffnung zum Wenden offen lassen. Die Nahtzugaben auseinanderbügeln. Das 2. Teil genauso arbeiten.

3 Jeweils ein Seitenteil mit der langen Kante rechts auf rechts auf je ein Bodenteil stecken und in 1 cm Breite zusammennähen.

4 Beide Teile, die nun wie ein Becher aussehen, rechts auf rechts ineinanderstecken und die obere Kante 1 cm breit rundherum absteppen. Die Seitennähte treffen dabei aufeinander.

5 Durch die Öffnung den Korb wenden. Die Öffnung von Hand oder mit der Nähmaschine schließen.

TIPP: Mit einem Magnetknopf, Druck-knopf oder Klettverschluss können Sie den Korb verschließbar machen.

Universelle Schürze

So macht die Arbeit Spaß, und beim gemeinschaftlichen Kochen mit Freunden wird die Küche zum heimeligen Mittelpunkt des Hauses.

Größe: 80 cm x 85 cm

SIE BRAUCHEN:
Baumwollstoff in Bunt,
ca. 140 cm x ca. 110 cm
Ripsband in Ecru, 2,5 cm x ca. 3 m

ZUSCHNITT:
1x Schürzenteil im Bruch
2x Tunnel
1x Tasche

Schnittmusterbogen B (Grau)

TIPP: Die Schürze kann durch Ziehen am Schnürband passend für alle Größen gemacht werden.

UND SO GEHT'S

1 Am Tunnel 1 cm an der langen Kante umbügeln. An den kurzen Seiten 2 cm umbügeln. Eine Seite ist jetzt noch offen.

2 Die Seitennähte, den Saum und den Halsausschnitt versäubern und jeweils 2 cm nach hinten bügeln.

3 Den Tunnel rechts auf rechts auf das Schürzenteil an den Armausschnitt mit der nicht umgebügelten Seite in 1 cm Abstand feststeppen. Über die umgebügelten Nahtzugaben nähen und nicht hochklappen.

4 2 cm Nahtzugabe an Seitenteil, Saum und Halsausschnitt schmalkantig feststeppen.

5 Den Tunnel auf die Rückseite klappen und feststecken. Die überstehende Nahtzugabe des Tunnels vorsichtig abschneiden.

6 Den festgesteckten Tunnel an der umgebügelten Seite schmalkantig absteppen.

7 Das Ripsband durch den Tunnel fädeln.

Sitzauflage

Prächtige Zierde für funktionale Küchenmöbel bieten diese Sitzauflagen. Sie sind nicht nur dekorativ, sondern auch weich und wärmend!

Größe: hinten ca. 35 cm, ca. 40 cm tief; vorne ca. 45 cm, 16 cm hoch

SIE BRAUCHEN:

Baumwollstoff mit Ornamenten, ca. 110 cm x ca. 130 cm

ZUSCHNITT:

1x Sitzfläche
1x Seitenteil

Schnittmusterbogen B (Oliv)

TIPPS: Wenn Sie hinten eine Kordel annähen, können Sie die Sitzflächenhusse anbinden.
Schneiden Sie aus 5 mm starkem Filz die Sitzfläche ohne Nahtzugabe noch einmal zu, dann wird die Auflage zusätzlich leicht gepolstert und wärmt auch noch.

UND SO GEHT'S

1 Das Seitenteil des Stoffes der Länge nach halbieren und bügeln, die rechten Seiten liegen dabei außen.

2 Die schmale Seite des Sitzteiles hinten versäubern.

3 Am Sitzteil die schmale Seite 2 cm nach innen bügeln und feststecken.

4 Am Seitenteil die beiden kurzen Seiten rechts auf rechts aufeinanderlegen und in 1 cm Breite schließen. Wenden und bügeln.

5 Das Seitenteil an das Sitzteil rechts auf rechts steppen. Dabei bündig hinten beginnen und bis zur vorderen Kante nähen. 1 cm vor dem Kantenende mit der Seitennaht beenden, dabei die Nähmaschinennadel im Stoff stecken lassen. Nun das Seitenteil fast bis zur Nadel einschneiden, das Nähgut um 90° drehen, Sitzteil und Seitenteil weiter bis zur vorderen Mitte nähen. Weiter gegengleich arbeiten.

6 Die Nahtzugaben ringsum gemeinsam versäubern.

Hinweis: In der Abbildung wurde eine Paspel angenäht, dafür die Paspel mit einem Reißverschlussfüßchen auf die Sitzfläche nähen. Die Nahtlinie muss genau auf der Nahtzugabe der Paspel liegen. An den Ecken 1 cm vor der Kante mit der Naht enden, die Nadel stecken lassen, die Paspel einschneiden, das Nähgut um 90° wenden und so an den offenen Kanten die Paspel annähen. Das Seitenteil an das Sitzteil nähen, dabei auf dem Sitzteil nähen, damit man die Paspelnaht sehen kann. Eine Fadenbreite links der eben genähten Naht nähen. Weiter wie oben beschrieben fortfahren.

TIPP FÜR GEÜBTE: Die Sitzfläche abpausen, dabei die Streben für die Rückenlehne aussparen. Die Ränder der halben Sitzfläche ausmessen. Das Seitenteil in Höhe und Breite abmessen. Nahtzugaben und Saum an alle Teile anzeichnen.

Eleganter Lehnenschal

Ländliches Wohnen mit natürlichen Stoffen
unterstreicht der Lehnenschal. Einfach
und schnell genäht verwandelt er schlichte
Stühle in ansehnliche Möbelstücke.

Größe: 26 cm x 150 cm

SIE BRAUCHEN:
Baumwollstoff gestreift oder mit
Ornamenten, ca. 35 cm x 150 cm
Baumwollrest in Bunt
2 Magnetknöpfe
2 Metallknöpfe oder
überziehbare Knöpfe

ZUSCHNITT:
1x Lehnenteil

UND SO GEHT'S

1 Die Lehne zwischen den Streben abmessen, 4 cm Nahtzugabe
   dazugeben und die Länge festlegen (2x 9 cm = 18 cm Nahtzugabe).

2 Beide Längsseiten versäubern und 2 cm nach hinten bügeln und
   feststecken.

3 An den beiden Säumen erst 1 cm, dann 8 cm nach hinten bügeln und
   feststecken.

4 Die Längsseiten und den Saum schmalkantig feststeppen.

5 2 Magnetknöpfe ca. 6 cm von den Rändern entfernt von Hand an
   beide Innenseiten nähen. An die gleiche Stelle von außen sichtbar
   jeweils einen Knopf als Zierde annähen.

TIPP: Besonders interessant sieht das Styling aus, wenn mehrere
Stühle in passendem oder ähnlichen Design gestaltet werden.

Garderobe

Ganz im ländlichen Wohnstil:
Diese romantische Garderobe ist dekorativ
und praktisch zugleich

Größe: Brett 45 cm x 11 cm

SIE BRAUCHEN:
Baumwollstoff in Bunt, ca. 110 cm x
ca. 15 cm
Holzbrett, 0,6 cm x 45 cm x 10 cm
2 Haken
4 Schrauben

ZUSCHNITT:
2x Boardteil

Schnittmusterbogen B (Braun)

UND SO GEHT'S

1 Die Umrisse des Brettes abpausen und die Stärke ausmessen. Die Hälfte dieser Höhe als Umriss anzeichnen,
1 cm Nahtzugabe ringsherum zugeben.

2 An der Längsseite der beiden Regalteilstoffe 1 cm nach
hinten bügeln.

3 Die Teile rechts auf rechts deckungsgleich aufeinanderlegen, die umgebügelte Nahtzugabe umgeklappt lassen,
und ringsum alle Nähte, außer die Naht mit der umgebügelten Nahtzugabe schließen. Die Ecken beschneiden
und die Nahtzugaben auseinanderbügeln.

4 Den Überzug wenden und sorgfältig bügeln. Das Brett
in den Überzug stecken und die offene Kante mit Handstichen schließen.

5 Zuletzt die Haken anschrauben.

TIPP: Dort wo die Haken angeschraubt werden sollen, vorsichtig den Stoff entfernen, sonst wird der Stoff von der
Schraube erfasst und mitgedreht!

Große Henkeltasche

Im Patchworkstil ist die große Henkeltasche gearbeitet, sie ist ein tolles Accessoire für den Bummel über den Markt und dem Gang zum Bäcker.

Größe: ca. 30 cm x 35 cm

SIE BRAUCHEN:

Verschiedene Baumwollstoffreste
in Bunt
Kunstlederrest in Braun
Baumwollstoff geblümt,
ca. 70 cm x ca. 90 cm
Kunstleder-Taschengriff in Braun,
2,5 cm x 50,5 cm

ZUSCHNITT:

2x Taschenteil in Bunt
2x Tascheneinfassung in Bunt
1x Bodenteil im Bruch in Braun,
Kunstleder
2x Taschenteil in Geblümt, Futter
1x Bodenteil im Bruch in Geblümt,
Futter
2x Tascheneinfassung in Geblümt,
Futter

Schnittmusterbogen B (Rosa)

TIPP: Zum Aufbewahren von Brot oder Brötchen eignet sich diese Tasche ebenfalls – das Gebäck bleibt lange knusprig frisch und lecker.

UND SO GEHT'S

1 An der Tascheneinfassung am Oberstoff an jeweils einer Längsseite 1 cm nach hinten bügeln.

2 Patchworkstoff vorbereiten, dafür die unterschiedlichen Stoffstreifen aneinandernähen und die Nahtzugaben auseinanderbügeln. Danach erst die Taschenteile zuschneiden.

3 Das Bodenteil zwischen die beiden Taschenteile rechts auf rechts an die Rundung ab den Nähhilfen nähen, dabei den Boden zuerst an ein Taschenteil, dann an das zweite nähen. Die Nahtzugaben auseinanderbügeln. Ebenso das Innenfutter aus Futterstoff arbeiten.

4 Die Falten an der geraden Seite des Taschenteiles laut Markierung an Oberstoff und Futter legen und feststecken.

5 Am Taschenteil ist vor dem Bodenteil noch ein Stück Naht offen. Das Oberstofftaschenteil und das Futtertaschenteil rechts auf rechts ineinanderstecken und die noch offene Naht schließen.

6 An der Tascheneinfassung Futter und Oberstoff rechts auf rechts aufeinanderlegen. Die umgebügelte Seite bleibt dabei hochgeklappt. Die offenen, nicht umgebügelten drei Seiten deckungsgleich aufeinanderlegen und ringsum in 1 cm Breite zusammensteppen. Die Ecken beschneiden, wenden und die Tascheneinfassung sorgfältig bügeln.

7 Die linke Seite der Tascheneinfassung rechts auf rechts an den geraden Tascheneingriff feststeppen. Die umgebügelte Kante der Tascheneinfassung ist nun 1 cm weiter hinten. An der zweiten Seite wiederholen.

8 Die Tascheneinfassung nach vorne ziehen, mit der umgebügelten Kante die eben genähte Naht abdecken, feststecken und schmalkantig absteppen.

9 Den Henkel von Hand durch die vorgestanzten Löcher an die Tascheneinfassung mittig nähen.

Türstopper

Den wirft so schnell nichts um – mit Sand gefüllt ist der Türstopper garantiert standfest. Aus bedrucktem Baumwollstoff passt er mustergültig zum ländlichen Wohnambiente.

Größe: ø 16 cm, 12 cm hoch

SIE BRAUCHEN:

Baumwollstoff mit Ornamenten, ca. 60 cm x ca. 40 cm
Metallknopf
Kordelpaspelrest in Ecru
Füllwatte, ca. 200 g
kleine Plastiktüte
Sand
Trichter

ZUSCHNITT:

6x Türstopper-Segment

Schnittmusterbogen A (Orange)

UND SO GEHT'S

1 2x drei Segmente rechts auf rechts aneinandernähen, dabei eine Öffnung zum Wenden und Füllen lassen.

2 Mit einer Naht jeweils die drei Segmente aneinandernähen. Wenden und etwas Füllwatte einfüllen. Den leeren Plastikbeutel einziehen und mit einem Trichter den Sand in den Beutel füllen. Den Beutel verschließen und mit Watte weiter ausstopfen. Die Öffnung von Hand schließen.

3 Die Paspel zur Schnecke legen, mit einigen Handstichen zusammennähen, den Knopf an die Spitze nähen.

TIPP: Ein angenähter Henkel erleichtert das richtige Positionieren des Türstoppers.

Lampe

Kleines Detail mit großer Wirkung! Die Lampe ist liebevoll mit Stoff bezogen und mit einer Perlenbordüre geschmückt und rundet die behagliche Atmosphäre in der Küche gebührend ab.

Größe: ca. 110 cm x 25 cm x 50 cm

SIE BRAUCHEN:

Seidenstoff in Weiß, ca. 45 cm x 25 cm
Baumwollstoff in Ecru bedruckt,
ca. 45 cm x 15 cm
Perlenbordüre, ca. 40 cm lang
Lampenschirm aus Kunststoff zum
Auseinanderklappen

ZUSCHNITT:

1x Lampenschirmteil in Weiß
1x Belegteil in Ecru bedruckt

Schnittmusterbogen A (Rosa)

UND SO GEHT'S

1 Alle Ränder an beiden Schnittteilen versäubern. Am Lampenschirmteil den oberen Rand 1 cm nach hinten bügeln und feststecken. Am Belegteil den unteren Rand 1 cm nach hinten bügeln und feststecken.

2 Die untere Blende an das Lampenschirmteil rechts auf rechts in 1 cm Breite ansteppen, dabei die Nähhilfe beachten.

3 Die Perlenbordüre von rechts auf diese Naht aufnähen. Die Perlen im Bereich der Nahtzugabe für die Seitennaht vorsichtig abtrennen, damit die Nähnadel beim Zusammennähen nicht abbricht.

4 Die Seitennaht rechts auf rechts zusammennähen, dabei die umgebügelten Kanten hochklappen und bis zum Stoffende steppen. Die Nahtzugaben auseinanderbügeln.

5 Den Bezug wenden und über den vorhandenen Lampenschirm ziehen.

TIPP: Steppen Sie evtl. noch den oberen und unteren Saum ab, damit der Schirm einen besseren Stand erhält.

STOFFZUSCHNITT

Schnittteile, die „im Bruch" zugeschnitten werden sollen, sind nach dem Zuschnitt an dieser Linie doppelt so groß und das ohne Naht. Das wird erreicht, indem das Schnittteil mit der mit „Bruch" bezeichneten Kante an die Bruchkante des Stoffes gelegt wird (Gegenteil von Webkante). Der Stoff bricht hier also um und läuft weiter.

Die Linie „Umbruch" im Schnitt bedeutet, dass an dieser Linie etwas umgeklappt wird.

Wird ein Zirkel benötigt, der über das normale Maß hinausgeht, hilft man sich mit einem improvisierten Zirkel aus. Dazu eine Fadenschlaufe legen (doppelter Faden), in die Schlaufe am Ende einen Stift hineinstellen und festhalten. Am Mittelpunkt mit der anderen Hand die Enden der Fadenschlaufe festhalten, dabei nicht verrutschen. Den Stift in der Schlaufe um den Mittelpunkt führen, dabei unbedingt auf Zug halten.

SCHNITTTEILE ÜBERTRAGEN

Die Schnittteile vom Schnittmusterbogen werden am besten auf transparentes Schnittpapier kopiert, beschriftet und ausgeschnitten. Die Nahtzugaben sind bereits eingerechnet. Übertragen Sie lediglich die Kontur mit der entsprechenden durchgezogenen Linie.

Die Nahtzugaben betragen 1 cm bei allen Nähten und 2 cm bei den Reißverschlüssen. Die Nahtlinie ergibt sich daraus, es ist die unterbrochene Linie der einzelnen Schnittteile.

ALLGEMEINE VERARBEITUNGSHINWEISE

An Modellen, die gefüllt oder gewendet werden müssen, werden Öffnungen gelassen. Diese an geraden Stellen platzieren. Anschließend von Hand schließen.

Nahtzugaben sind die Zugaben, die benötigt werden, um am Rand die Teile zusammenzunähen.

Ränder, die versäubert werden müssen, können mit einem breit und weit eingestellten Zickzackstich versäubert werden. Oder ganz professionell mit einer eigens dafür vorgesehenen Nähmaschine, der Overlockmaschine. Sie schneidet die Kanten gerade und umlegt die Ränder mit Fadenschlingen, damit sie nicht ausfransen.

Nähte müssen manchmal „unsichtbar" gemacht werden. Dazu die Unterfadenfarbe dem unteren Stoff und die Oberfadenfarbe dem oberen Stoff anpassen. Grundsätzlich werden die Nähte am Anfang und Ende mit einigen Rückstichen gesichert.

Knöpfe, zu schließende Nähte, alle Nähte von Hand werden am besten mit doppeltem Knopflochgarn genäht. Dabei grundsätzlich auf der Seite nähen, die sichtbar ist.

Beim Nähen großer Mengen, z. B. Gardinen, für ausreichend Platz an Nähmaschine und Bügelbrett sorgen.

Beim Verarbeiten langer Strecken die Nähte in kleinere Abschnitte unterteilen und dabei Nähhilfen nutzen.

Vor dem Nähen steht oft das Bügeln, da man offene, flach zu legende Teile noch leichter bügeln kann.

Einlage hilft dabei, einen Stoff variabel einsetzbar zu machen. So hat der Shopper, mit stabiler Tascheneinlage beklebt, genügend Festigkeit, um alleine stehen zu bleiben. Aus dem gleichen Stoff kann man anschmiegsame Kissenhüllen und Tischdecken nähen, die fließen sollen.

BESCHICHTETE STOFFE UND SKAI-LEDER VERARBEITEN

Beschichtete Stoffe sind oft schwierig zu verarbeiten, da die Beschichtung gerne am Nähmaschinenfuß „kleben" bleibt. Einige Tricks erleichtern jedoch das Arbeiten erheblich: Nadelstiche bleiben an Stoff und Leder sichtbar. Deshalb statt mit Stecknadeln die Teile nur mit Klebefilm oder Wäscheklammern fixieren.

Das gilt auch für aufgetrennte Nähte, auch hier bleiben die Einstiche sichtbar. Deshalb zuerst an Stoffresten Näh- und Bügelproben machen.

Die Nähte mit Teflonfüßchen und Papierstreifen verarbeiten. Papierstreifen rechts und links parallel zur Naht legen und das Füßchen darüber laufen lassen, die Papierstreifen jedoch nicht mitnähen.

Die Stichweite groß einstellen. Sind die Stiche zu klein, wird der Stoff lediglich perforiert und die Naht hält nicht.

Diese Stoffe nur von links unter einem Bügeltuch bügeln, dabei das Bügeleisen nicht schieben, sondern lieber Stück für Stück aufstellen. Es gibt auch für Bügeleisen Teflonsohlen zum Nachrüsten. Beim Bügeln mit Dampf vorsichtig sein, denn der Dampf kann nicht durch das Gewebe dringen und strömt deshalb über den Stoff am Bügeleisen seitlich vorbei. Dabei kann es leicht zu Verbrennungen kommen.

Kunstleder am besten gerollt lagern, Knicke glätten nur sehr schwer wieder.

Für besonders robuste Nähte mit hohen Ansprüchen kann Knopflochseide verwendet werden.

SAMT UND STOFFE MIT NIEDRIGEM FLOR VERARBEITEN

Beim Zuschnitt von Samt ist es wichtig, alle Teile in der gleichen Richtung zuzuschneiden und zu verarbeiten.

Samt reißt und franst leicht aus. Deshalb ist es wichtig, die Kanten der Öffnungen zum Füllen vor dem Zusammennähen mit Zickzackstich oder der Overlockmaschine zu versäubern.

Ecken auf die Zug kommt, können von innen mit etwas aufbügelbarer Einlage verstärkt werden.

Beim Nähen von Samt ist es am besten, beide Stofflagen fest zusammenzudrücken, dann können beide Lagen nicht so leicht verrutschen. Mit eng gesteckten Stecknadeln quer zur Naht fixieren und langsam nähen.

Samt nicht von rechts, sondern vorsichtig von links bügeln, dabei auf Dampf verzichten. Ist doch etwas danebengegangen, von rechts ganz vorsichtig bedampfen, mit einer Bürste oder einem Samtrest den Flor wieder aufstellen.

HOCHFLORIGE STOFFE VERARBEITEN

Das Zuschneiden ist im wahrsten Sinne des Wortes eine „haarige" Sache und hinterlässt jede Menge Fusseln. Deshalb den Staubsauger bereithalten, um zu vermeiden, dass sich die Fusseln zu stark verbreiten.

Beim Schneiden darauf achten, dass nur das Trägergewebe durchtrennt wird, jedoch nicht die Haare.

Beim Nähen mit einem flachen Gegenstand, z. B. einem stumpfen Messer, den Flor der Nahtzugabe ständig nach innen streichen. So ergibt sich eine schöne Naht.

Sollten dann doch einmal zu viele Haare eingenäht sein, diese vorsichtig von rechts mit einer Nadel aus der Naht lösen.

Am Besten diese Stoffe nur von links bügeln.

Vor dem Verarbeiten eine Bügel- und Nähprobe machen.

BRIEFECKEN NÄHEN

Die Säume z. B. einer Tischdecke zuerst 1 cm, dann 9 cm an allen 4 Kanten nach innen bügeln.

Die umgebügelten Säume wieder aufklappen und die Ecken an der Schnittlinie (siehe Schnittteil) abschneiden.

Schräge Seiten rechts auf rechts aufeinanderlegen und in 1 cm absteppen. Dabei die 1 cm Nahtzugabe nicht hochklappen, sondern mit feststeppen. Die Nahtzugabe an der schrägen Naht auseinanderbügeln und evtl. beschneiden.

Die Briefecke wenden und sauber abbügeln.

Den Saum rundherum absteppen.

SCHRÄGBÄNDER VERARBEITEN

Bei fertig vorgefaltetem Schrägband die zu versäubernden Kanten zwischen das zusammengeklappte Schrägband legen und feststecken. Mit einer Naht alle Lagen zusammennähen, dabei nicht zu weit außen am Schrägband steppen, um die hintere Lage auch mitzufassen.

Bei selbst gefertigtem Schrägband ein 4 cm breites Schrägband im schrägen Fadenlauf zuschneiden. An einer Längskante 2x 1 cm nach innen umbügeln. Das Schrägband rechts mit der nicht umgebügelten Kante an die zu versäubernde Kante links aufsteppen. Das Schrägband nach vorne klappen, dabei die eben genähte Naht verdecken. Mit einer zweiten Naht das Schrägband schmalkantig feststeppen.

REISSVERSCHLÜSSE EINNÄHEN

Zum Einnähen des Reißverschlusses wird nicht unbedingt ein spezieller Nähfuß benötigt. Vor dem Nähen an den Teilen, in die der Reißverschluss eingenäht wird, die Kanten mit Zickzackstich oder der Overlockmaschine versäubern. 2 cm Nahtzugabe für den Reißverschluss nach hinten bügeln.

Den Reißverschluss öffnen, die linke Reißverschluss-Raupe mit dem entsprechenden Teil so abdecken, dass die umgebügelte Kante die Zähnchen des Reißverschlusses gerade eben abdeckt. Das Nadelbett der Nähmaschine auf eine ganz rechte Position stellen, so dass die Nadel näher am Reißverschluss liegt, und so die linke Naht bis kurz zum Ende des Reißverschlusses nähen. Den Reißverschluss schließen, evtl. noch einige Stiche bis 1 cm über das Ende des Reißverschluss nähen.

Das Nähgut um 90 Grad drehen, den Reißverschluss und den Stoff wieder sorgsam ausrichten. Eine Quernaht mit ca. 3 Stichen bis zur Mittelnaht nähen. Nach der Mittelnaht nochmals 3 Stiche nähen, um die Symmetrie zu erhalten.

Das Nähgut wieder um 90 Grad drehen und dabei den Reißverschluss geschlossen fertig einnähen.

Unsere Buchempfehlungen für Sie

ISBN 978-37724-6761-5

ISBN 978-37724-5923-8

ISBN 978-37724-5536-0

ISBN 978-37724-5921-4

ISBN 978-37724-5581-0

ISBN 978-37724-5922-1

ISBN 978-37724-6745-5

Die neue Welt der Kreativität

www.topp-kreativ.de
www.facebook.de/Mitstrickzentrale

Jutta Kühnle hat nach dem Designstudium für eine Kinderbekleidungsfirma gearbeitet und sich anschließend mit einem eigenen kleinen Atelier selbstständig gemacht. Brautmoden, Herrenbekleidung und Sonderanfertigungen gehörten zu den Spezialgebieten des Betriebes. Die Liebe zur Kinderbekleidung ist jedoch geblieben und einmal im Jahr entwarf und fertigte die Designerin eine kleine Kollektion ausgefallener Kinderbekleidung in limitierter Stückzahl.

Zusammen mit ihrem Mann betreibt sie nun in Stuttgart-Berg das Hotel „Zur Traube". Alle Dekoelemente für eine heimelige Wohlfühlatmosphäre fertigt sie selbst. Pfiffige und ideenreiche Entwürfe zur einfachen Umsetzung bei hoher Funktionalität sind ihre Stärke.

Impressum

FOTOS: frechverlag GmbH, 70499 Stuttgart; fotolia (S. 9/10, 18, 79, 82 Christian Jung, S. 12, 25 Aleksandr Volkov, S. 15 awfoto, S. 17 MP2, S. 29 Fotodil, S. 31 daseaford, S. 33 Mellimage, S. 35 svort, S. 37 Klaus Eppele, S. 39 Irina Fischer, felinda, S. 43 Jean-Paul Bounine, S. 49, 50 Nik, S. 49 Elnur, S. 53 gtranquillity, S. 56 Eric Isselée, S. 59 Ideenkoch, S. 61 Herby (Herbert) Me, S. 63 Alexandr Vlassyuk, S. 65 Yura_fx, S. 66 tollotim, S. 69 picsfive, S. 73 karandaev, S. 75 Yasonya, S. 77 victoria p., S. 79 babimu, S. 81 emmi, S. 85 hvoya, Daniel Vöckler, S. 86 Franz Pfluegl, S. 89 Birgit Reitz-Hofmann, S. 105 nito100; lichtpunkt, Michael Ruder, Stuttgart (alle übrigen)

PRODUKTMANAGEMENT: Eva-Barbara Hentschel

LEKTORAT: Cosima Kroll, Bönnigheim

GESTALTUNG: Petra Theilfarth

DRUCK: Korotan, Slowenien

1. Auflage 2012

© 2012 frechverlag GmbH, 70499 Stuttgart

ISBN 978-3-7724-6760-8 • Best.-Nr. 6760

Wir danken den Firmen Coats GmbH, Kenzingen, www.coats-gmbh.de; Rayher Hobby GmbH, Laupheim, www.rayher-hobby.de; Prym Consumer GmbH, Stolberg, www.prym-consumer.com, Union Knopf GmbH, Bielefeld, www.unionknopf.com für die Unterstützung bei der Herstellung dieses Buchs.

Hilfestellung zu allen Fragen, die Materialien und Bastelbücher betreffen: Frau Erika Noll berät Sie. Rufen Sie an: 05052/911858*

*normale Telefongebühren